MÉTHODE
AMUSANTE,
OU
ABÉCÉDAIRE RÉCRÉATIF
ORNÉ DE JOLIES GRAVURES.

AVIGNON,
CHEZ OFFRAY AÎNÉ, IMPRIMEUR-LIBRAIRE.

Méthode Amusante

Pour enseigner

L' A B C.

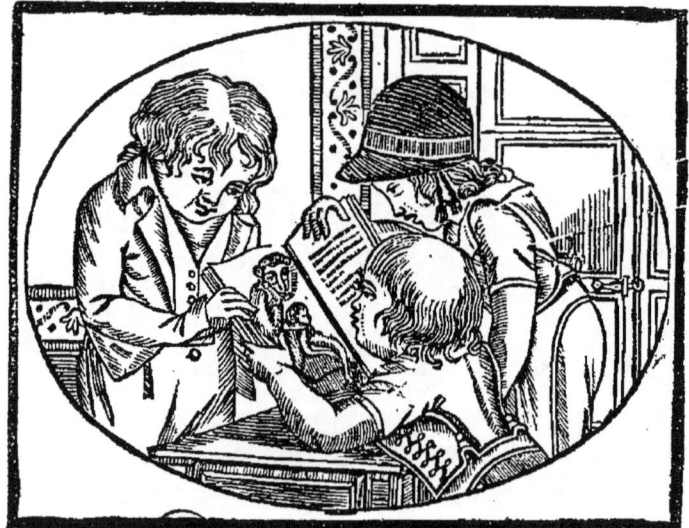

AVIGNON,
Se vend chez Offray fils aîné.

MÉTHODE AMUSANTE,

OU
ABÉCÉDAIRE RECRÉATIF,

ORNÉ DE JOLIES GRAVURES,

Propres à piquer la curiosité des Enfans, et à hâter leur instruction.

DERNIÈRE ÉDITION,

CONTENANT 1°. Des Alphabets de différens caractères. 2°. Des Syllabes dont le nombre est augmenté. 3°. Diverses prières. 4°. L'explication des différens animaux représentés par les gravures dont une correspond à chaque lettre. 5°. Des Contes et historiettes. 6°. Des principes d'Orthographe pour les accens, la manière de prononcer les consonnes, la Ponctuation, etc. 7°. Un petit traité d'Arithmétique. 8°. Des Chiffres Arabes et Romains. 9°. Un Tableau de Multiplication. 10.° De jolies Fables de différens Auteurs connus. 11°. Enfin des Modèles d'Écritures gravés, ainsi que des Pensées propres à leur servir d'exemples. *Le tout mis à la portée du premier âge et à l'usage des Maisons d'Education.*

A VIGNON,

Chez OFFRAY aîné, IMPRIMEUR-LIBRAIRE.

1845.

AVIS
DES ÉDITEURS.

DE nombreuses éditions, enlevées rapidement, prouvent que cet Alphabet est presque généralement adopté. Conformément aux demandes de quelques Instituteurs, nous y avons ajouté l'Oraison Dominicale, la Salutation Angélique, le Symbole des Apôtres, la Confession des Péchés, et y avons employé un caractère plus gros pour les mots divisés en syllabes; le nombre des Historiettes y a été augmenté, et nous y avons pareillement ajouté des principes d'écriture et les premières règles du calcul.

(7)

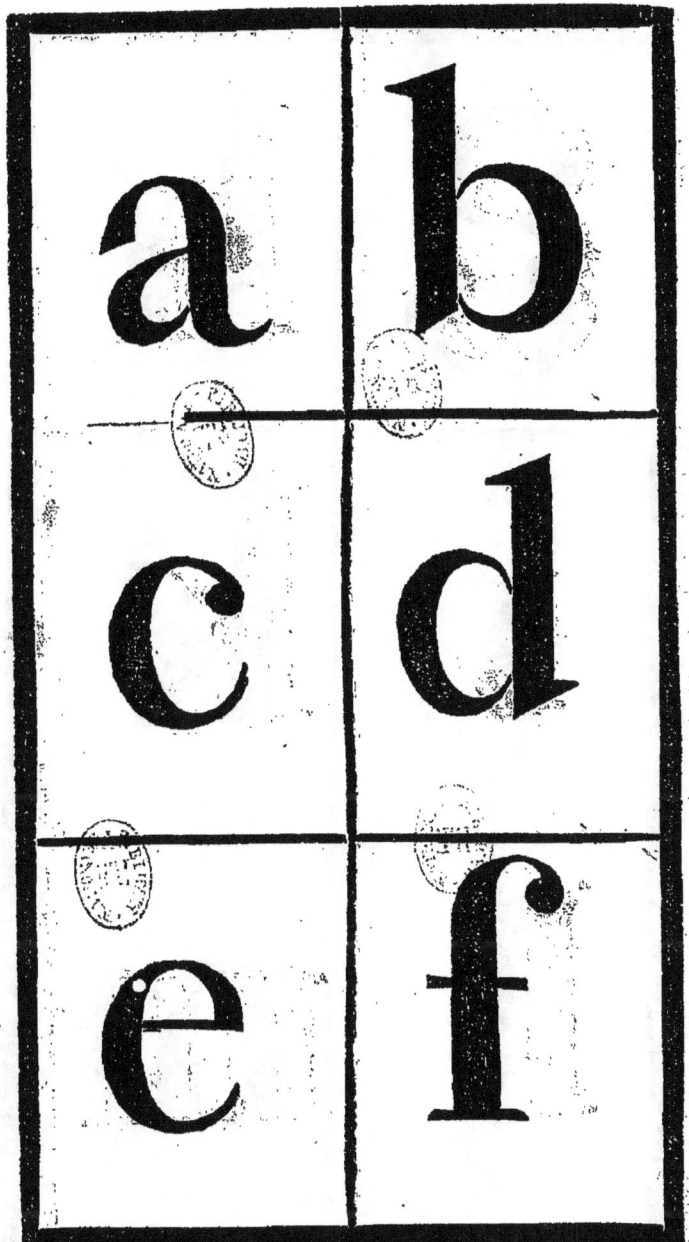

g	h
i	k
l	m

(9)

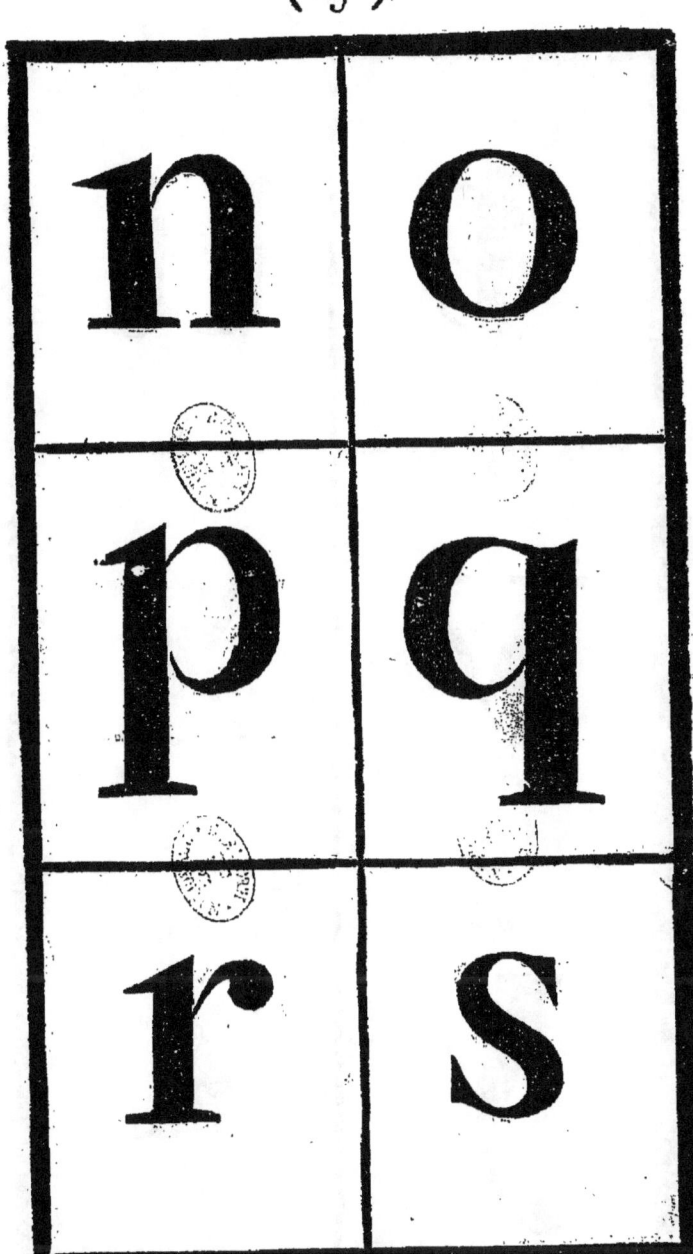

A 2

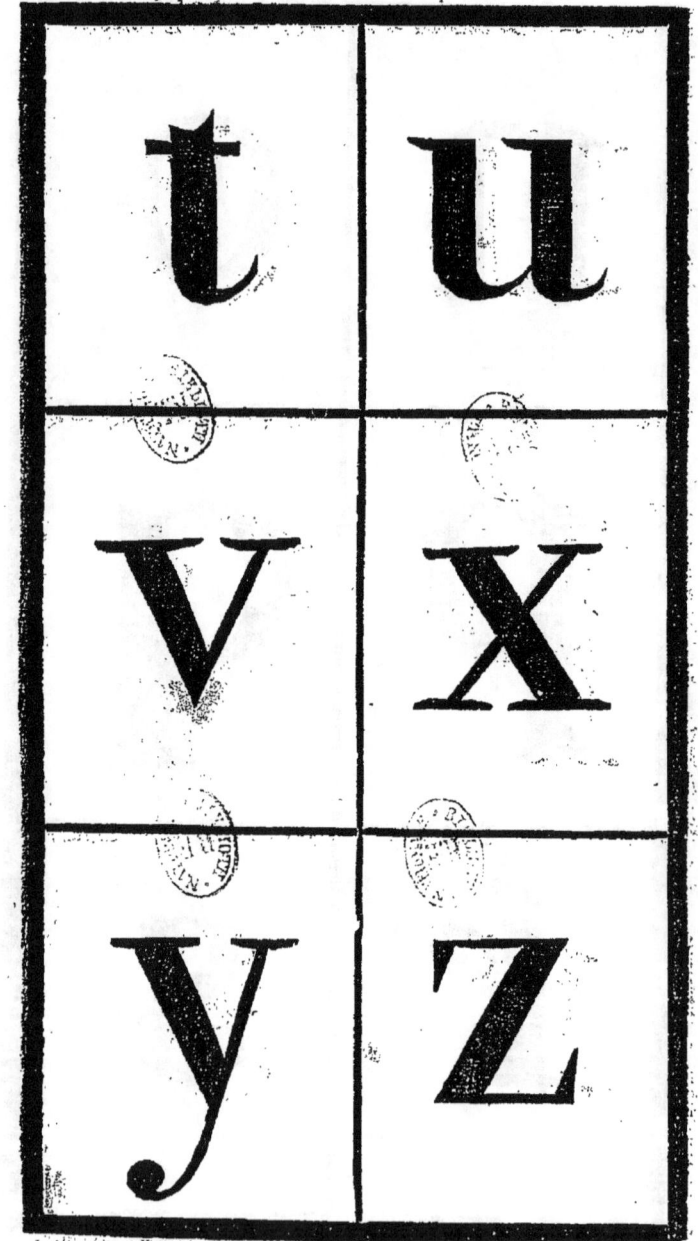

(11)

MAJUSCULES ROMAINES.

A B C D E F
G H I J K L M
N O P Q R S
T U V X Y Z

MAJUSCULES ITALIQUES.

A B C D E F
G H I J K L M
N O P Q R S
T U V X Y Z

(12)
FIGURE DE LETTRES COMPARÉES.

A	a	*A*	*a*
B	b	*B*	*b*
C	c	*C*	*c*
D	d	*D*	*d*
E	e	*E*	*e*
F	f	*F*	*f*
G	g	*G*	*g*
H	h	*H*	*h*
I	i	*I*	*i*
J	j	*J*	*j*
K	k	*K*	*k*
L	l	*L*	*l*

M	m	*M*	*m*
N	n	*N*	*n*
O	o	*O*	*o*
P	p	*P*	*p*
Q	q	*Q*	*q*
R	r	*R*	*r*
S	s	*S*	*s*
T	t	*T*	*t*
U	u	*U*	*u*
V	v	*V*	*v*
X	x	*X*	*x*
Y	y	*Y*	*y*
Z	z	*Z*	*z*

MAJUSCULES DE BATARDE.

A B C D E
F G H I K
L M N O P
Q R S T V
Y X Y Z

MINUSCULES DE BATARDE.

a b c d e f g h
i j k l m n o p q
r s t u v x y z

CHIFFRES ARABES.

1 2 3 4 5 6 7 8 9 0

ALPHABET QUADRUPLE,

Ou Lettres majuscules et minuscules, romaines et rondes.

A a	B b	C c	D d	E e
A a	*B b*	*C c*	*D d*	*E e*
F f	G g	H h	I i	J j
F f	*G g*	*H h*	*I i*	*J j*
K k	L l	M m	N n	O o
K k	*L l*	*M m*	*N n*	*O o*
P p	Q q	R r	S s	T t
P p	*Q q*	*R r*	*S s*	*T t*
U u	V v	X x	Y y	Z z
U u	*V v*	*X x*	*Y y*	*Z z*

Toutes ces lettres que tu viens de voir, mon enfant, ne se prononcent pas toutes de la même manière : dans les vingt-quatre, il y en a cinq que l'on nomme *voyelles*, qui, à elles seules produisent un son plein et net.

a, e, i, o, u,

A, E, I, O, U,

Les dix-neuf lettres qui restent se nomment *consonnes* ; les voici :

b, c, d, f, g, h, j, k, l, m, n, p, q, r, s, t, v, x, y, z.

Elles ne forment des mots qu'à l'aide des voyelles que tu viens de répéter, d'où elles empruntent leur son, de manière que la lettre B se prononce comme s'il y avait un *e* après le *B*.

Syllabes simples.

a	e	*i ou* y	o	u
ba	be	bi	bo	bu
ca	ce	ci	co	cu
da	de	di	do	du
fa	fe	fi	fo	fu
ga	ge	gi	go	gu
ha	he	hi	ho	hu
ja	je	ji	jo	ju
ka	ke	ki	ko	ku
la	le	li	lo	lu
ma	me	mi	mo	mù
na	ne	ni	no	nu
pa	pe	pi	po	pu
qua	que	qui	quo	quu
ra	re	ri	ro	ru
sa	se	si	so	su

ta	te	ti	to	tu
va	ve	vi	vo	vu
xa	xe	xi	xo	xu
za	ze	zi	zo	zu

Syllabes composées.

bla	ble	bli	blo	blu
bra	bre	bri	bro	bru
cha	che	chi	cho	chu
cla	cle	cli	clo	clu
cra	cre	cri	cro	cru
dra	dre	dri	dro	dru
gla	gle	gli	glo	glu
gra	gre	gri	gro	gru
pha	phe	phi	pho	phu
pla	ple	pli	plo	plu
pra	pre	pri	pro	pru
tra	tre	tri	tro	tru

Mots à épeler.

Pa pa.
Ma ma.
Na nan.
Da da.
Tou tou.
Jou jou.
Cou tau.
Gâ teau.
Cha peau.
Bé guin.
Jar din.
Rai sin.
Chi en.
Car lin.
Se rin.
Voi sin.

Mas se pain.
Car ton.
Pois son.
Han ne ton.
Hé ris son.
Pa pil lon.
Hi ron del le.
De moi sel le.
Ar ti chaut.
A bri cot.
Ar ro soir.
A breu voir.
Ré ser voir.
E gru geoir.
Ba lan ce.
Con fi an ce.
Com plai san ce.
Gerçure.

Brû lu re.
En ge lu re.
Con fi tu re.
Ra quet te.
Ja quet te.
Noi set te.
Cein tu re.
Gri su re.
Cou ver tu re.
Pa ra sol.
Tour ne sol.
Ros si gnol.
Ré glis se.
É cre vis se.
Bas cu le.
Re non cu le.
Ri di cu le.
Ar ti fi ce.

Bé né fi ce.
Hu mi li té.
Do mi ci li é.
Vi va ci té.
Hon nê te té.
Vo ra ci té.
Sin gu la ri té.
Fa mi li a ri té.
Vail lan ce.
Pa tien ce.
Sur veil lan ce.
Bien veil lan ce.
Ex tra va gan ce.
Il lu mi na tion.
Os ten ta tion.
In di gna tion.
Dis si pa tion.
Vo mis se ment.

É va nou is se ment.
É blou is se ment.
I nu ti le ment.
Heu reu se ment.
Sin gu liè re ment.
Pro di gieu se ment.
At ten ti ve ment.
Gran de ment.
Ad mira ble ment.

Phrases à épeler.

Les cou teaux cou pent, les é pin gles pi quent, les chats é gra ti gnent, le feu brû le.

Voi ci un che val, il a qua tre jam bes ; les oi seaux n'ont que deux jam bes ; mais ils ont deux aî les, ils vo lent.

Les pois sons ne volent pas : ils na gent dans l'eau, les pois sons ne pour raient pas vi vre dans l'air. Le vez la tê te vous ver rez le so leil.

C'est Dieu qui a fait le soleil ; Dieu a fait tout ce que nous vo yons : il est le mai tre de tout, il sait tout.

Pour plai re à Dieu, un en fant doit o bé ir à ses pa rens, et s'ap pliquer à bien li re.

Il faut que cha cun tra vail le : ce lui qui ne

tra vail le pas ne mé ri te pas de man ger.

Le pain se fait a vec de la fa ri ne ; la fa ri ne se fait a vec du blé.

Pour a voir du blé, il faut le se mer ; a vant de se mer, il faut la bou rer. La ter re est dif fi ci le à la bou rer.

Le blé pous se des raci nes ; les ra ci nes portent u ne ti ge ; cet te ti ge pro duit u ne épi ; cet te é pi ren fer me des grains de blé.

Les ar bres ont des raci nes qui sont com me

B

leurs pieds ; ils ont des branches, qui sont comme leurs bras, et des rameaux qui sont comme leurs mains.

Sur les rameaux, il vient des feuilles et des fleurs : quand les fleurs sont tombées, il reste un petit fruit ; ce fruit devient gros, on le mange, quand le soleil l'a mûri.

La pomme est le fruit du pommier ; on fait du cidre avec des pommes, quand elles ont été écrasées dans un pressoir.

Avec des raisins on fait du vin : les raisins sont le fruit de la vigne.

Nos chemises sont de toile : la toile se fait avec du fil, le fil se fait avec du chanvre : on sème la graine qui produit le chanvre.

Nos habits sont ordinairement de laine : la laine croît sur les moutons : on la file.

On ne tond les moutons qu'une fois dans l'année ; une année est composée de douze mois ;

dans le mois il y a trente jours.

Quand on est jeune une année paraît bien longue.

On croit qu'on ne deviendra jamais vieux.

La gloutonnerie ôte la santé.

Ne dérobez rien.

Ne jetez pas du pain à terre; si vous en avez trop, il y a des gens qui n'en ont pas assez.

Ne vous mettez pas en colère.

L'enfant doux se fait aimer.

On ché rit l'en fant com plai sant.

Ne mé pri sez person ne.

L'en fant le plus instruit n'est pas ce lui qui par le le plus.

Si vous dé si rez trop, vous ne se rez ja mais heu reux.

Pour qu'on sup por te vos dé fauts, sup por tez ceux des au tres.

Si vous vou lez vous faire ai mer, ren dez-vous ai ma ble.

Ne fai tes pas à vos ca ma ra des ce que vous

seriez fâché qu'ils vous fissent. Défiez-vous de quiconque prétend rendre les hommes plus heureux qu'ils ne veulent l'être : c'est la chimère des usurpateurs, et le prétexte des tyrans.

Dans la bouche d'un fourbe, le compliment est un piège couvert de fleurs, tendu aux personnes crédules ou qui s'aiment trop. Dans la bouche d'un homme sincère c'est une expression succincte de l'estime et de l'affabilité.

L'Oraison Dominicale.

Notre père, qui êtes aux cieux, que votre nom soit sanctifié : que votre règne arrive : que votre volonté soit faite en la terre comme au ciel : donnez-nous aujourd'hui notre pain quotidien : et pardonnez-nous nos offenses comme nous pardonnons à ceux qui nous ont offensés : et ne nous laissez pas succomber à la tentation : mais délivrez-nous du mal. Ainsi soit-il.

La Salutation Angélique.

Je vous salue, Marie, pleine de grace : le Seigneur est avec vous : vous êtes bénie entre toutes les femmes, et Jésus le fruit de votre ventre est béni.

Sainte Marie, Mère de Dieu priez pour nous, pauvres pécheurs, maintenant et à l'heure de notre mort. Ainsi soit-il.

Le Simbole des Apotres.

Je crois en Dieu le père tout-puissant, créateur du ciel et de la terre, en Jésus-Christ son fils unique notre Seigneur, qui est né de la Vierge Marie, qui a souffert sous Ponce-Pilate, qui a été crucifié, qui est mort et qui a été enseveli, qui est descendu aux enfers, et le troisième jour est ressuscité des morts; qui est monté au ciel, est assis à la droite de Dieu le père tout-puissant, d'où il viendra juger les vivans et les morts.

Je crois au Sant-Esprit, la Sainte Eglise Catholique, la Communion des Sants, la rémission des péchés, la résurréction de la chair, et la vie éternelle. Ainsi soit-il.

La Confession des péchés.

Je confesse à Dieu tout puissant, à la bienheureuse Marie toujours Vierge, à saint Michel archange, à saint Jean-Baptiste, aux Apôtres saint Pierre et saint Paul, et à tous les saints, que j'ai beaucoup péché par pensées, par paroles et par actions; c'est ma faute, c'est ma faute, c'est ma très-grande faute. C'est pourquoi je supplie la bienheureuse Marie toujours Vierge, saint Michel archange, saint Jean-Baptiste, les Apôtres saint Pierre et saint Paul, tous les saints, et vous, mon père, de prier pour moi le Seigneur, notre Dieu. Ainsi soit-il.

EXPLICATION
DES GRAVURES.

a   **Autruche.**

Cet oiseau dont les plumes sont si larges et si belles, est presque aussi haut qu'un homme monté à cheval : c'est le plus grand des oiseaux. Outre qu'il a des jambes longues, il se sert de ses ailes pour mieux courir, quand le vent est favorable. Le vent est bien commode, quand on sait le mettre à profit. Le forgeron se sert du vent pour allumer son feu ; le batelier dresse ses voiles pour faire avancer son bâteau ; le boulanger nettoie son blé avec une roue garnie de quatre volans ; nous-mêmes nous nous procurons du vent en agitant l'air avec un éventail.

(35)

b Bossu.

Ceux qui se moquent des bossus, ont grand tort. Il est rare qu'on soit bossu par sa faute ; d'ailleurs les bossus ont de l'esprit. Comme ils se sentent exposés aux mauvaises plaisanteries, à cause de leur difformité, ils font de bonne heure usage de toute leur raison, pour gagner du côté des talens ce qui leur manque du côté du corps.

c Chameau.

Sans le secours de cet animal, qui peut passer jusqu'à dix jours sans boire, il aurait été impossible de traverser des déserts où le voyageur ne trouve que des sables brûlants. Le chameau seul peut rendre autant de services que le cheval, l'âne et le bœuf réunis. Il n'est pas plus délicat que l'âne sur la qualité de la nourriture ; sa chair, quand il est jeune, est aussi bonne que celle du veau, et son poil est plus recherché que la plus belle laine. Il marche plus vîte, porte des fardeaux très-pesans et réunit à ces avantages une autre qualité plus précieuse encore, la docilité: au simple commandement de son maître, il vient s'agenouiller entre les ballots, pour lui épargner jusqu'à la peine de les élever.

d   Dromadaire.

Ce qui distingue le dromadaire du chameau, c'est qu'il n'a qu'une bosse sur le dos; du reste ces deux animaux se ressemblent, autant par la conformation que par la docilité. On fait avec leur poil qui tombe tous les ans, des chapeaux fins et de très-belles étoffes. Le chameau, le dromadaire et l'autruche se trouvent en Asie et en Afrique.

L'Europe où est située la France, que nous habitons, ne renferme pas tout le monde : il y a trois autres parties, qui sont l'Asie, l'Afrique et l'Amérique.

L'Europe est la plus petite des quatre parties du monde, mais la plus peuplée. L'Asie, bien plus grande que L'Europe, est l'endroit où le premier homme a été créé. L'Afrique, presque aussi grande que l'Asie, est si chaude que la plupart de ses habitans sont noirs. L'Amérique, qu'on appelle le Nouveau monde, parce qu'il n'y a que trois cents années qu'on en a fait la découverte, est bien plus grande que chacune des trois autres parties ; c'est de là que nous viennent le sucre, le café, le chocolat, différens bois de teinture, et beaucoup de drogues qui entrent dans la composition des médecines.

~~~~~~~~~~~~~~~~~~~~~~~~~~~~

e Éléphant.

L'éléphant est le plus grand de tous les animaux à quatre pieds. Avec son nez, qu'on appelle trompe, il peut dénouer des cordes, déboucher une bouteille, ramasser la plus petite chose, faire en un mot, tout ce que les hommes font avec la main. On nomme ivoire les deux longues dents qui sortent de sa machoire supérieure. Cet animal est très-susceptible d'affection, très-intelligent et très-docile : rarement on le voit seul ; il aime à se trouver en compagnie ; dans les voyages le plus âgé conduit la troupe ; les plus faibles sont au milieu, et les mères portent leurs petits qu'elles tiennent embrassés avec leur trompe. Ce qu'on va lire prouve bien leur intelligence. Un peintre voulait dessiner un éléphant, la gueule béante ; pour cela il s'était fait accompagner d'un jeune élève, qui jetait de temps en temps des fruits à l'animal ; mais comme souvent il n'en faisait que le geste, l'éléphant impatient s'en prit au maître, et gâta tout le dessin sur lequel il travaillait.

f Fruitière.

Il ne suffit pas d'obliger, il faut craindre d'humilier ceux à qui l'on donne.

» Un jour je me trouvais à une fête
» de village, disait à ce sujet un hom-
» me célèbre : après dîner la com-

» pagnie fut se promener dans la
» foire, et s'amusa à jeter aux pay-
» sans des piéces de monnaie, pour
» le plaisir de les voir se battre en
» les ramassant; pour moi, suivant
» mon humeur solitaire, je m'en fus
» promener tout seul de mon côté;
» j'aperçus une petite fille qui vendait
» des pommes : elle avait beau vanter
» sa marchandise, elle ne trouvait
» plus de chalans: combien toutes vos
» pommes, lui dis-je ? --- *Toutes mes*
» *pommes* ! reprit-elle, et la voilà en
» même temps à calculer en elle-mê-
» me. --- *Six sous*, me dit-elle. ---
» Je les prends, lui dis-je, pour ce
» prix; à condition que vous irez les
» distribuer à ces savoyards que vous
» voyez là-bas : ce qu'elle fit aussi-
» tôt. Ces enfans furent au comble
» de la joie de se voir régalés, ainsi
» que la petite fille de s'être défaite
» de sa marchandise. Je leur aurais
» fait moins de plaisir si je leur avais
» donné de l'argent; tout le monde
» fut content, et personne ne fut hu-
» milié.

g　　Giraffe.

Lorsque la giraffe a pris son accroissement, elle est trois fois plus haute que le plus grand cheval ; mais cette hauteur n'est pas proportionnée, car le cou en fait presque la moitié : d'ailleurs, les jambes de derrière sont trop courtes par rapport à celles de devant. Avec ce défaut la giraffe ne peut pas bien courir ; aussi quoiqu'elle ne soit pas farouche, on n'a pas essayé d'en faire une monture. Il en est des animaux comme des hommes ; on ne les recherche qu'à raison de leur utilité. On trouve des giraffes en Afrique. Leur peau est marquée de petites taches blanches sur un fond brun.

h　　Hanneton.

Comme le hanneton vole brusquement, on dit en proverbe : Étourdi comme un hanneton. *Cet insecte, à cause de sa docilité, est un de ceux que les enfans ont choisi pour leur*

(43)

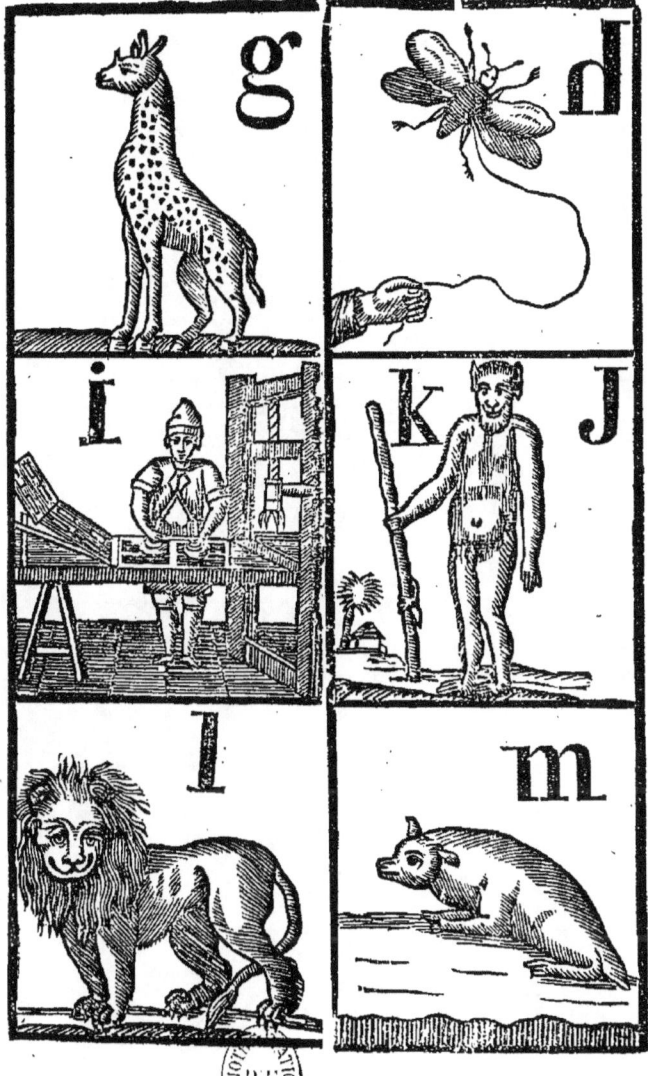

amusement. *Malheur aux vauriens qui se donnent le barbare plaisir de le priver de ses pattes ou de ses aîles.*

~~~~~~~~~~~~~~~~~~~~~~

i Imprimeur.

Les livres n'ont pas toujours été aussi communs qu'ils le sont aujourd'hui. Autrefois il fallait être bien riche pour s'en procurer, parce qu'on mettait beaucoup de temps à les écrire ; à présent qu'on les imprime, la besogne va si vîte, que deux ouvriers, en moins d'un jour, font sans peine ce que trente écrivains n'auraient pas fait dans un mois. Chaque lettre est moulée sur un petit carré : ces carrés s'arrangent dans un cadre ; on les couvre d'encre, et, en foulant avec une presse, on retire la feuille imprimée chaque fois qu'on l'a mise blanche sur le cadre. La gravure, qui a beaucoup de rapport avec l'imprimerie, n'est pas moins merveilleuse. En général les arts méritent notre attention. Qui dirait en voyant une pièce d'or, une épingle, une clef, que tout cela est sorti de la terre ? Cependant rien de plus vrai. L'or, l'argent, le fer, le cuivre et tous les autres métaux se bêchent dans la terre ; ils sortent bruts ; on les met au feu pour les purifier ; ensuite le forgeron les dégrossit, pour que les serruriers, les orfèvres et les bijoutiers aient moins de peine à les mettre en œuvre.

Joko.

Le Joko est un grand singe qui marche comme l'homme, appuyé sur un bâton. En général, les singes ont de l'industrie ; mais ils sont grimaciers même un peu méchans. Lorsqu'on les attaque ils se défendent en jetant des pierres à leurs ennemis. Pour piller un verger ils se mettent à la file, et se font passer de l'un à l'autre les fruits qu'ils mettraient trop de temps à aller chercher.

Comme ces animaux imitent tout ce qu'ils voient faire, on profite de leur instinct pour les prendre. Quelquefois on se frotte devant eux le vi-

sage avec de l'eau ; et l'on met ordinairement de la glu dans le vase où l'on se lave. D'autres fois on se regarde dans des miroirs qui ont des ressorts : à peine s'est-on détourné, que les singes s'y trouvent embarrassés.

~~~~~~~~~~~~~~~~~~~~~~~~

1 Lion.

Le Lion est un animal terrible. Avec sa queue il peut étreindre cruellement un homme, lui casser une jambe, et même le tuer ; mais il n'attaque que lorsque la faim le presse. Pris jeune, il s'apprivoise, et à tout âge il est sensible aux bienfaits.

Une lionne que l'on tenait enchaînée, fut atteinte d'un mal violent qui l'empêchait de manger : comme on désespérait de sa guérison, on lui ôta sa chaîne, et on jeta son corps dans un champ. Ses yeux étaient fermés ; et sa gueule se remplissait de fourmis, lorsqu'un passant l'aperçut ; et croyant remarquer quelque reste de vie dans cet animal, il lui lava le gosier avec de l'eau et lui fit avaler un peu de lait. Un remède si simple eut les effets les plus prompts : la lionne guérit, et elle conçut une telle affection pour son bienfaiteur qu'elle se laissait conduire avec un cordon, comme le chien le plus familier. Tel est le pouvoir des bienfaits sur les caractères même les plus rebelles.

m Marmotte.

Ce petit animal se tient assis comme l'écureuil, pour prendre sa nourriture, et se sert des pieds de devant pour la porter à sa bouche. Rien de plus facile que de l'apprivoiser ; aussi les petits paysans des montagnes l'apportent-ils dans nos villes, pour le faire danser au son de la vielle. Aux approches de l'hiver, plusieurs marmottes se réunissent pour construire, sur le penchant d'une montagne, un grand terrier à deux ouvertures, qui a la forme d'un Y.

C'est une si belle chose que l'union ! d'autres animaux, les abeilles surtout et les fourmis nous en donnent l'exemple. Les abeilles dans leur ruche, sont comme des citoyens dans leur ville. Chacun a ses occupations, ses habitudes, ses habits, sa demeure. Au printemps, toutes ces ouvrières volent dans les champs pour recueillir sur les fleurs une espèce de poussière qu'elles ramassent avec leurs pattes. C'est avec cette poussière qu'elles forment la cire dont on fait les bougies. Le miel est composé d'un suc qu'elles pompent dans les fleurs.

Quant aux fourmis, lorsque vous en rencontrez une, suivez-la ; vous verrez qu'elle se rend dans une habitation vaste, divisée en chambrettes, toutes bien approvisionnées, bien propres. Grains, fruits, petits animaux morts, tout est bon pour son ménage ; mais c'est sur-tout la manière dont se fait l'approvisionnement qui est curieuse.

Lorsqu'une fourmi se trouve trop chargée une autre fourmi l'aide ; et si les deux ne sont pas assez fortes, une troisième vient au secours, pour transporter le fardeau, souvent plus gros que douze fourmis réunies.

C

n   Nid.

Un nid d'oiseaux est un chef-d'œuvre par la manière dont les feuilles sèches, le duvet et le crin y sont disposés. Une autre merveille, c'est la manière dont les petits y sont élevés. La mère se tient près d'eux pour les échauffer, tandis que le père vient dégorger dans leur bec des alimens à demi digérés. Ces enfans chéris sont dociles : ils attendent pour voler qu'on leur en ait donné le signal, ils s'essaient sous les yeux de leur père, et ne prennent d'autre nourriture que celle qui leur est indiquée.

o   Ours.

L'ours s'apprivoise, mais il faut le prendre jeune, autrement il conserverait son caractère farouche. Dans les bois, cet animal vit seul par indifférence pour ceux de son espèce. Parmi les hommes, le goût de la retraite a quelquefois le même motif : on se pri-

(51)

ve du *secours des autres , pour être dispensé de leur en porter.*

Polichinel.

Deux enfans revenaient de la foire avec leur père. C'était en automne : les jours commencaient à être courts : comme ils savaient le chemin , leur père ayant eu besoin de s'arrêter, leur dit de continuer leur route. Les voilà donc qui marchent doucement en s'entretenant des curiosités qu'ils avaient vues à la foire. Tout à coup une lueur tremblottante parut au milieu du chemin. Leur premier mouvement fut de reculer ; cependant l'aîné rappela à son frère ce que leur avait dit leur père , qu'il ne fallait pas s'effrayer de ce qui paraît extraordinaire dans les ténèbres , parce qu'en approchant on découvrait que ce n'était rien : en effet, ils avancèrent , et ils ne trouvèrent qu'un homme qui cherchait avec une lanterne sa bourse qu'il avait laissé tomber en tirant son mouchoir. Cet homme était le faiseur de marionnettes de la foire ils lui aidèrent à chercher sa bourse, ils en reçurent pour récompense le polichinel qui les avait tant fait rire.

q   Quilles.

Les jeux sont le délassement de la jeunesse ; mais ce doivent être des jeux innocens, tels que la balle, le cerf-volant, les quilles, et non pas des jeux où l'on risque de l'argent. Voyez deux joueurs se mettre à une table de jeu : Leur joie n'est pas de longue durée. La mauvaise humeur s'empare du perdant ; il frappe du pied, trépigne, et s'en prend aux meubles qu'il fracasse, comme s'ils étaient complices de sa mauvaise chance.

r   Rhinocéros.

Cet animal est, après l'éléphant, un des plus gros que l'on connaisse. Sur le nez il porte une corne qui peut devenir meurtrière. Tout son corps est couvert d'un cuir que le fer ne saurait pénétrer. Au bout de sa lèvre supérieure on aperçoit une excroissance pointue ; c'est cette excroissance qu'il allonge et qui lui tient lieu d'une main. Sans être ni féroce, ni carnassier, ni même extrêmement farouche, le rhinocéros est cependant intraitable ; il est à-peu-près en grand ce que le cochon est en petit, brusque, indocile et sans intelligence.

s Serpent.

Quoique les serpens n'aient pas de pattes, ils marchent à leur manière et assez vîte ; ils rampent en se servant d'une partie de leur ventre comme d'un point d'appui. Leur retraite ordinaire est dans des lieux humides, sous des tas de fumier, sous des feuilles mortes ; dans des trous souterrains, où ils vivent d'herbes, de mouches, d'insectes, d'araignées, de grenouilles et de souris.

Tous les serpens ne sont pas venimeux : les plus gros et les plus dangereux ne se trouvent pas en France. La vipère est très à craindre ; l'aspic l'est moins : la couleuvre ne fait du mal à personne.

t   Tigre.

Le tigre n'est pas aussi fort que le lion, mais il est plus à craindre, parce qu'il est plus cruel. Rassasié ou à jeun il n'épargne aucun animal, et ne quitte une proie que pour en égorger une autre. Heureusement l'espèce n'en est pas nombreuse. Dans la captivité, il déchire la main qui le caresse, comme celle qui le frappe. Cet animal a beaucoup de rapport avec le chat : il est comme lui, hypocrite et caressant par envie de mal faire.

u   Uneau.

On a donné à cet animal le surnom de paresseux, parce qu'il est extrêmement lent. Cependant sa lenteur est moins l'effet de la paresse que du défaut de conformation. Il lui faut un jour pour grimper sur un arbre ; et pour en descendre, il est obligé de se laisser tomber. Malgré sa misère, on ne peut pas dire que l'uneau soit malheureux, parce qu'il n'est pas né sensible.

(57)

v   Vaisseau.

Il s'en faut de beaucoup que toute la terre soit solide ; on voit des ruisseaux couler au pied des montagnes ; ces ruisseaux, en se joignant à d'autres, forment des rivières ; les rivières composent des fleuves, et les fleuves contribuent à former cet amas d'eau qu'on appelle mers. Pour franchir ces espaces, il fallait des supports ; pour cela, on a d'abord imaginé de creuser des arbres, puis on a joint des planches ; mais il y avait loin de ces mauvais bateaux à nos grands vaisseaux de guerre, qui portent jusqu'à douze cents hommes, avec des provisions pour six mois.

x   Xénophon.

C'est le nom d'un historien célèbre. On appelle historien celui qui écrit tout ce qui arrive d'intéressant. S'il n'y avait pas eu de ces hommes utiles, nous ignorerions tout ce qui s'est pas-

sé avant notre naissance ; et s'il n'y en avait pas nous ne saurions ce qui se fait auprès de nous. Avec la connaissance de l'histoire on est l'homme de tous les pays et de tous les temps.

~~~~~~~~~~~~~~~~~~~~~~~~~~~~

y   Yeux.

Le caractère se peint dans les yeux. Le méchant a l'œuil farouche : l'enfant sensible a le regard doux.

~~~~~~~~~~~~~~~~~~~~~~~~~~~~

z   Zèbre.

La peau du Zèbre est rayée de noir et de jaune clair, avec tant de symétrie, qu'il semble qu'on a pris le compas pour la peindre. C'est un âne sauvage qui marche avec une grande vitesse, mais qu'on ne saurait monter parce qu'il est indocile et têtu. Avec sa gentillesse, on le préférerait au cheval, s'il était comme lui, susceptible d'éducation et familier.

HISTORIETTES.

Quelle est cette petite demoiselle, assise dans un coin, qui semble craindre qu'on l'aperçoive ? — C'est Emilie, qui se moque des enfans mal vêtus. Ce matin elle avait demandé à sa bonne un toquet de velours orné de paillettes. Comme elle en paraissait fière, sa maman, pour la punir, lui a fait prendre un bonnet de nuit qu'elle gardera devant les petites voisines qu'elle voulait humilier.

Fanfan, le chat aurait-il mangé ton oiseau ? j'ai trouvé beaucoup de plumes dans l'escalier. — Non, mon frère, c'est moi qui l'ai plumé pour voir quelle mine il aurait sans plumes. — Comment ! tu as eu cette cruauté ? et tu le dis sans rougir ? — Mais, mon frère, on m'avait donné cet oiseau pour m'amuser. — Mon frère, on ne s'amuse pas à des choses qui font du mal. Si on t'arrachait les cheveux, tu souffrirais ; l'oiseau souffre depuis que tu lui as arraché les plumes.

Sophie avait un chat nommé Zizi ; c'est un joli amusement qu'un petit chat ; mais Sophie avait pour Zizi une amitié si folle, qu'elle ne pensait qu'à lui, et qu'elle employait la plus grande partie de son temps à le caresser. Le matin, à peine était-elle sortie du lit qu'elle appelait Zizi ; en lisant sa leçon elle pensait à Zizi ; au lieu de coudre, elle s'occupait de Zizi ; et préférablement à sa poupée, c'était Zizi qu'elle habillait. On ôta à Sophie son Zizi, et l'on se moqua d'elle quand elle voulut le pleurer.

Laurette était une petite fille bien étourdie : il ne se passait pas de jours qu'elle ne se fît du mal, ou qu'elle n'en causât à ses camarades. Sa maman lui avait expressément défendu de manier des couteaux et de trop approcher du feu ; mais à peine la maman était-elle détournée, que la petite fille oubliait sa défense. Un jour qu'on l'avait laissée seule avec sa sœur Sophie, au lieu de faire attention à cet enfant qui était-très jeune, elle lui laissa manier un couteau qui la coupa bien fort. Une autre fois, en ramassant une aiguille, elle approcha la bougie si près de son beguin, que le feu prit à la dentelle, et brûla une grande partie de ses cheveux.

Alphonse était un petit enfant de si mauvaise humeur, qu'on le voyait pleurer pour la moindre bagatelle. S'il trouvait sa leçon tant soit peu difficile, il disait qu'il n'en pourrait jamais venir à bout, et il laissait là son livre pour verser des larmes. Quand il lui manquait un de ses joujoux, au lieu de le chercher, il se désolait. Au moindre coup que lui donnait en jouant un de ses camarades, il poussait des cris si aigus, qu'on l'aurait cru estropié pour la vie. Un jour son papa lui dit : Alphonse, si tu jettes ton livre pour un mot difficile comment veux-tu apprendre à lire ? pendant le temps que tu mets à pleurer tes joujoux, tu les retrouverais ; si pour un petit coup tu te mets à crier, aucun enfant ne voudra jouer avec toi. Alphonse entendit raison : ses leçons lui parurent moins difficiles ; ses joujoux ne se perdirent plus, et ses camarades le regardèrent comme un bon petit enfant, qu'ils mirent de toutes leurs parties.

Papa, quel plaisir si j'étais si grand comme le cerisier qui est dans notre jardin ! il ne me faudrait ni échelle, ni crochet, pour avoir des cerises. D'une enjambée je traverserais une rivière ; puis je serais bien plus fort si j'étais si grand ! Qu'il vînt un ours à ma rencontre, je lui tordrais le cou d'un tour de main. — Mon fils, tu ne fais donc pas attention qu'il n'y aurait pas de place pour contenir des hommes si gros, et que tel pays qui fait vivre aujourd'hui mille hommes, en ferait tout au plus subsister vingt ? Chacun de nous mangerait un bœuf à son dîner, et tu n'aurais pas trop d'une tonne de lait pour faire ton déjeûner.

Dorval était un petit garçon si turbulent, que, malgré la vigilance de ceux qui l'entouraient, il lui arrivait tous les jours quelque accident. Une fois, en marchant à reculons, il tomba du haut en bas d'un escalier ; une autre fois il fit tomber sa maman en se balançant au dossier de son fauteuil. Mais voici l'accident le plus fâcheux : un jour qu'il jouait avec une petite demoiselle, à qui croiserait le premier deux épingles en les poussant l'une contre l'autre, il mit dans sa bouche des épingles qui l'embarrassaient ; dans le même moment, un gros chien qu'il avait accoutumé à jouer avec lui, entre sans être aperçu, et lui met ses deux pattes sur les épaules ; Dorval, qui ne s'y attendait pas, fit un mouvement et lâcha les épingles, qui lui descendirent dans le gosier. On eut beau appeler les chirurgiens, Dorval mourut d'un abcès au bout de quelques jours.

Germeuil était un enfant très indocile. Un jour qu'il passait près d'une ruche, son papa l'avertit que les abeilles étaient dangereuses quand on les troublait dans leur travail. Bon, dit Germeuil, si c'était un gros chien, j'en aurais peur ; mais des abeilles ! d'un coup de mouchoir j'en abattrais un cent. Le petit incrédule frappa la ruche avec sa baguette. Dans l'instant les abeilles le poursuivirent et le piquèrent au visage, au cou, aux jambes, aux mains, partout où leur aiguillon put se faire jour.

—◦—

Cécile avait de beaux yeux, une jolie bouche, des couleurs vives ; Cécile était une jolie petite fille. Elle en devint si orgueilleuse, qu'elle ne pouvait supporter ceux qui avaient quelque défaut dans la figure ou dans la taille. Joséphine, sa sœur cadette, était presque laide : mais elle était douce, prévenante, et savait lire avant que Cécile connût une lettre. Cécile et Joséphine eurent ensemble la petite vérole. Joséphine supporta son mal avec patience ; mais Cécile craignant de perdre sa beauté, aigrit son sang, et fut tellement défigurée, qu'on ne se ressouvint plus qu'elle avait été belle. Comme elle ne savait ni travailler ni lire, elle n'eut rien pour se distraire. Joséphine, au contraire, fut recherchée, parce qu'elle joignait à l'esprit beaucoup de connaissances et d'amabilité.

Eh bien ! Henri, n'est-ce pas une chose bien admirable que ce grand arbre soit sorti d'une petite semence ? Regardez, en voici un tout jeune. Il est si petit, Charlotte, que vous aurez la force de l'arracher vous-même. Tenez, voyez-vous ? voilà le gland encore attaché à sa racine. C'est pourtant ainsi que sont venus tous les arbres qui peuplent cette belle forêt que nous traversâmes l'autre jour dans notre voyage. Ce chêne seul, si tous ses glands avaient été recueillis chaque année, et plantés avec soin, aurait déjà pu suffire à couvrir de ses enfans la face entière de la terre.

MANIÈRE

DE PRONONCER LES CONSONNES.

B	Be.	N	E ne.
C	Ce.	P	Pe.
D	De.	Q	Qu.
F	Ef fe.	R	E re.
G	Ge.	S	Es se.
H	A che.	T	Te.
J	Gi.	V	Ve.
K	Ka.	X	Ik ce.
L	E le.	Y	Y grec.
M	E me.	Z	Zai de.

ACCENS.

′ Aigu.

‵ Grave.

ˆ Circonflexe.

Ces accens mettent une grande différence dans la manière dont on prononce les lettres sur lesquelles ils sont placés ; ainsi l'on ouvre beaucoup plus la bouche pour prononcer l'*e* du mot *procès*, que pour prononcer celui du mot *bonté*.

L'*e* sur lequel on met un accent aigu, s'appelle *e* fermé ; celui sur lequel on place un accent grave, s'appelle *e* ouvert.

On met l'accent circonflexe sur les voyelles qu'on prononce en appuyant, comme dans les mots *blâme*, *tempête*, *gîte*, *trône*, *flûte*.

Il y a cinq voyelles, *a*, *e*, *i*, *o*, *u* : on les appelle voyelles, parce qu'elles remplissent seules la voix.

Il n'en est pas de même des autres lettres ; on les nomme consonnes, parce qu'elles n'ont de son qu'avec une autre lettre ; ainsi, quand on prononce un *b*, le son est le même que s'il y avait un *e* à côté.

¨ Tréma.

Le tréma est un signe qui avertit qu'il faut prononcer la voyelle sur laquelle il se trouve, séparément de la lettre qui précède ; ainsi, dans le mot *haïr*, on prononce *ha-ir*, parce qu'il y a un tréma, et non pas *hair*.

' Apostrophe.

L'apostrophe se met en haut, à la place d'une voyelle supprimée, comme dans les mots : *l'arbre*, *l'oiseau*, parce qu'il aurait été trop dur de dire : *le arbre*, *le oiseau*.

- Trait-d'union.

Le trait-d'union se met entre deux mots qui n'en forment qu'un, comme *porte-faix*, *porte-clef*, *porte-crayon*.

ç Cédille.

La cédille se met en bas, sous la lettre *c*, pour avertir qu'on doit prononcer le *c* comme *s* ; par exemple, dans le mot *leçon*.

» Guillemets.

Les guillemets sont deux virgules qui marquent que les mots devant lesquels ils se trouvent, sont le langage de quelqu'un qui n'est pas celui qui parlait auparavant : on s'en sert encore pour faire connaître les mots ou les lignes qui sont empruntés dans un autre livre.

( ) Parenthèse.

La parenthèse se compose de deux

crochets : elle marque que ce qui est renfermé entre, est détaché de ce qui précède et de ce qui suit.

Virgule	, pour s'arrêter un peu.
Point et Virgule	; pour s'arrêter d'avantage.
Deux points	: pour s'arrêter davantage encore.
Point	. pour s'arrêter tout-à-fait.
Point d'interrogation	?
Point d'admiration ou d'exclamation	!

Ceux qui composent les livres ne placent pas tous ces signes indifféremment.

La virgule marque les différentes parties d'une phrase, c'est-à-dire, d'un assemblage de mots qui contribuent à former le même sens.

Le point et la virgule marquent que la phrase n'est pas entièrement finie.

Les deux points marquent qu'une phrase est finie, mais qu'elle dépend d'une phrase composée, dont toutes les parties sont liées avec la principale.

ABRÉGÉ DE L'ARITHMÉTIQUE.

1 , 2 , 3 , 4 , 5 ,
un , deux , trois , quatre , cinq ,
6 , 7 , 8 , 9 , 0.
six , sept , huit , neuf , zéro.

Ces caractères s'appellent chiffres arabes ; ils servent à compter.

Pour exprimer des nombres plus considérables, sans avoir recours à d'autres caractères, on est convenu que de dix unités on n'en ferait qu'une, à laquelle on donnerait le nom de *dixaine*, et que l'on compterait par dixaines comme on compte par unités ; c'est-à-dire, que l'on dirait deux dixaines, trois dixaines, etc. jusqu'à neuf dixaines ; que, pour représenter ces nouvelles unités, on emploierait les mêmes chiffres, que pour les unités simples, et qu'on les distinguerait de celles-ci, en les plaçant à leur gauche.

Ainsi, pour représenter *trente-quatre*, qui renferme trois dixaines et quatre unités, on est convenu d'écrire 34 ; pour représenter *soixante*, qui contient un nombre exact de six dixaines, sans aucune unité, on écrit 60. Zéro marque à la fois qu'il n'y a point d'unités simples, et que le nombre six exprime des dixaines.

Pour faire des comptes plus étendus, on forme de dix dixaines une seule unité, qui a le nom de *centaine*, parce que dix fois dix font cent, et on place les chiffres qui appartiennent à ces centaines, à la gauche des dixaines.

Il en est de même des *mille*, que l'on forme de dix centaines, et ainsi de suite, pour tous les nombres que l'on peut imaginer.

Les principales règles du calcul sont: l'*Addition*, la *Soustraction*, la *Multiplication* et la *Division*.

L'Addition.

Fanfan, supposons que tu tires quelques cerises d'une corbeille; pour savoir combien tu en auras pris, tu diras :

par exemple. . . . . 4 cerises,
plus 2 cerises,
plus 3 cerises,
────────────
font 9 cerises.

Le nombre 9 est le nombre que tu cherchais.

Ainsi l'addition consiste à ajouter plusieurs nombres les uns aux autres, pour en connaître la somme totale.

La Soustraction.

Supposons que tu n'aies pris que 7 cerises et que tu en remettes 4, combien t'en restera-t-il ?

de 7 cerises,
ôte 4 cerises,
────────────
reste 3 cerises.

Ainsi, par la soustraction, on ôte un moindre nombre d'un plus grand, pour savoir ce qu'il en reste.

La Multiplication.

Si tu manges quinze cerises par jour, combien en mangeras-tu en 4 jours ?

Multiplie...... 15
par..... 4
─────────

C'est-à-dire, compte 4 fois 15,

Tu trouveras........ 60 cerises.

La Multiplication consiste donc à multiplier deux nombres l'un par l'autre, pour trouver un troisième nombre, qui contienne le premier autant de fois qu'il y a d'unités dans le second.

La Division.

Si par hasard, il ne s'était trouvé dans la corbeille que 30 cerises, et qu'il t'eût fallu les partager entre 6 personnes, combien chaque personne en aurait-elle eu ?

$$30 \begin{cases} \text{divisées par 6.} \\ \hline \text{donnent 5.} \end{cases}$$

Chaque personne aurait donc eu 5 cerises.

L'usage de la division est, comme tu vois, de partager un nombre en autant de parties qu'il y a d'unités dans celui par lequel on le divise.

CHIFFRES ARABES ET ROMAINS.

	Arabes.	Romains.
Un	1	I.
Deux	2	II.
Trois	3	III.
Quatre	4	IV.
Cinq	5	V.
Six	6	VI.
Sept	7	VII.
Huit	8	VIII.
Neuf	9	IX.
Dix	10	X.
Onze	11	XI.
Douze	12	XII.
Treize	13	XIII.
Quatorze	14	XIV.
Quinze	15	XV.
Seize	16	XVI.
Dix-sept	17	XVII.
Dix-huit	18	XVIII.
Dix-neuf	19	XIX.
Vingt	20	XX.
Vingt-un	21	XXI.
Vingt-deux	22	XXII.
Vingt-trois	23	XXIII.
Vingt-quatre	24	XXIV.
Vingt-cinq	25	XXV.
Vingt-six	26	XXVI.
Vingt-sept	27	XXVII.
Vingt-huit	28	XXVIII.
Vingt-neuf	29	XXIX.
Trente	30	XXX.
Trente-un	31	XXXI.
Trente-deux	32	XXXII.
Trente-trois	33	XXXIII.
Trente-quatre	34	XXXIV.
Trente-cinq.	35	XXXV.

	Arabes.	Romains.
Trente-six.	36	XXXVI,
Trente-sept.	37	XXXVII.
Trente-huit.	38	XXXVIII.
Trente-neuf.	39	XXXIX.
Quarante.	40	XXXX ou XL.
Quarante-un.	41	XLI.
Quarante-deux.	42	XLII.
Quarante-trois.	43	XLIII.
Quarante-quatre.	44	XLIV.
Quarante-cinq.	45	XLV.
Quarante-six	46	XLVI.
Quarante-sept.	47	XLVII.
Quarante-huit	48	XLVIII.
Quarante-neuf	49	XLIX.
Cinquante	50	L.
Cinquante-un	51	LI.
Cinquante-deux	52	LII.
Cinquante-trois	53	LIII.
Cinquante-quatre	54	LIV.
Cinquante-cinq	55	LV,
Cinquante-six	56	LVI.
Cinquante-sept	57	LVII.
Cinquante-huit	58	LVIII.
Cinquante-neuf	59	LIX.
Soixante	60	LX.
Soixante-un	61	LXI.
Soixante-deux	62	LXII.
Soixante-trois	63	LXIII.
Soixante-quatre	64	LXIV.
Soixante-cinq	65	LXV.
Soixante-six	66	LXVI.
Soixante-sept	67	LXVII.
Soixante-huit	68	LXVIII.
Soixante-neuf	69	LXIX
Soixante-dix	70	LXX.
Soixante-onze	71	LXXI.
Soixante-douze	72	LXXII.
Soixante-treize	73	LXXIII.

	Arabes.	Romain.
Soixante-quatorze	74	LXXIV.
Soixante-quinze	75	LXXV.
Soixante-seize	76	LXXVI.
Soixante-dix-sept	77	LXXVII.
Soixante-dix-huit	78	LXXVIII.
Soixante-dix-neuf	79	LXXIX.
Quatre-vingts	80	LXXX.
Quatre-vingt-un	81	LXXXI.
Quatre-vingt-deux	82	LXXXII.
Quatre-vingt-trois	83	LXXXIII.
Quatre-vingt-quatre	84	LXXXIV.
Quatre-vingt-cinq	85	LXXXV.
Quatre-vingt-six	86	LXXXVI.
Quatre-vingt-sept	87	LXXXVII.
Quatre-vingt-huit	88	LXXXVIII.
Quatre-vingt-neuf	89	LXXXIX.
Quatre-vingt-dix	90	XC.
Quatre-vingt-onze.	91	XCI.
Quatre-vingt-douze	92	XCII.
Quatre-vingt-treize	93	XCIII.
Quatre-vingt-quatorze	94	XCIV.
Quatre-vingt-quinze	95	XCV.
Quatre-vingt-seize	96	XCVI.
Quatre-vingt dix-sept	97	XCVII.
Quatre-vingt-dix-huit	98	XCVIII.
Quatre-vingt-dix-neuf	99	XCIX.
Cent	100	C.
Deux cents	200	CC.
Trois cents	300	CCC
Quatre cents	400	CCCC
Cinq cents	500	D.
Six cents	600	DC.
Sept cents	700	DCC.
Huit cents	800	DCCC.
Neuf cents	900	DCCCC.
Mille	1000	M.
etc.	etc.	etc.

TABLEAU
DE MULTIPLICATION.

2	fois	2	font	4
2	fois	3	font	6
2	fois	4	font	8
2	fois	5	font	10
2	fois	6	font	12
2	fois	7	font	14
2	fois	8	font	16
2	fois	9	font	18
2	fois	10	font	20
2	fois	11	font	22
2	fois	12	font	24
3	fois	3	font	9
3	fois	4	font	12
3	fois	5	font	15
3	fois	6	font	18
3	fois	7	font	21
3	fois	8	font	24
3	fois	9	font	27
3	fois	10	font	30
3	fois	11	font	33
3	fois	12	font	36
4	fois	4	font	16
4	fois	5	font	20
4	fois	6	font	24
4	fois	7	font	28
4	fois	8	font	32
4	fois	9	font	36
4	fois	10	font	40
4	fois	11	font	44
4	fois	12	font	48

(19)

5	fois	5	font	25
5	fois	6	font	30
5	fois	7	font	35
5	fois	8	font	40
5	fois	9	font	45
5	fois	10	font	50
5	fois	11	font	55
5	fois	12	font	60
6	fois	6	font	36
6	fois	7	font	42
6	fois	8	font	48
6	fois	9	font	54
6	fois	10	font	60
6	fois	11	font	66
6	fois	12	font	72
7	fois	7	font	49
7	fois	8	font	56
7	fois	9	font	63
7	fois	10	font	70
7	fois	11	font	77
7	fois	12	font	84
8	fois	8	font	64
8	fois	9	font	72
8	fois	10	font	80
8	fois	11	font	88
8	fois	12	font	96
9	fois	9	font	81
9	fois	10	font	90
9	fois	11	font	99
9	fois	12	font	108
10	fois	10	font	100

FABLES.

LE JOUEUR DE GOBELETS.

Escroquillard, fameux escamoteur,
  Dans un village, un beau dimanche
  Dressa son théâtre imposteur
Sur deux trétaux que couvrait une planche;
Puis au bruit du tambour il se fait annoncer:
C'est par ici, messieurs; allons, prenez vos places.
    Dans l'instant je vais commencer.
    Tous mes benêts, pipés par ses grimaces,
    De l'admirer ne pouvaient se lasser.
    Après maints tours de passes-passes,
Ils ne savaient que dire et que penser;
Leurs yeux frappés de ce rare spectacle
    Prenaient pour autant de miracle
Chaque parole et chaque changement.
    Ils ne concevaient pas comment
    Sans y toucher, une muscade,
Par le pouvoir du seul commandement,
    Allait joindre sa camarade.
    Allons, messieurs, à ce tour-ci:
    Par la vertu de ma baguette
Je vais changer cet écu que voici
En pomb.... Partez.... La chose est faite,
    Le voyez-vous? ça maintenant,
    Que le plomb redevienne argent;

Soufflez dessus.... Chaque marouffle
Tour-à-tour de bonne foi souffle,
Et l'écu paraît de nouveau.
Ah, mon Dieu ! Seigneur, que c'est beau !
Quel esprit ! c'est pire qu'un homme ;
Que cet homme là... ça, messieurs,
Leur dit Escroquillard, le temps m'appelle ailleurs.
A leurs dépens, muni d'une assez bonne somme
. . . .
Son départ fut son dernier tour.

Vadé.

L'Enfant et la Poupée.

Dans une foire, un jeune enfant,
Promené par sa gouvernante,
Contemplait d'un œil dévorant
Maint beau colifichet : tout lui plaît, tout le tente :
Il veut polichinel, ensuite un porteur d'eau,
Et puis il n'en veut plus--Voulez-vous une épée ;
----Ah ! oui ; mais non, j'aime mieux ce berceau.
Il l'eût pris sans une poupée
Qui le séduisit de nouveau.
On la lui donne : en sautant il l'emporte.
Chez sa maman le voila de retour :
Aux gens du logis tour-à-tour,
Il fait baiser l'objet qui d'aise le transporte.
Depuis le matin jusqu'au soir,
De chambre en chambre il la promène ;
S'il faut s'aller coucher, il la quitte avec peine,
Et s'endort en pleurant dans les bras de l'espoir.
En dormant il la rêve : et le jour lui ramène
Sa Mimi ; qu'on l'apporte, eh vîte ! il veut la voir.
Pendant près de huit jours avec exactitude,

Fanfan joue avec sa catin.
Il paraissait content ; mais le petit coquin
De la possession se fit une habitude.
L'habitude et le froid se tiennent par la main :
Le froid donc s'en suivit, et le dégoût enfin.
VADÉ.

On aime ce qu'on n'a pas, et ce qu'on a cesse de plaire.

Fanfan et Colas.

Fanfan gras et vermeil et marchant sans lisière,
    Voyait son troisième printemps.
D'un si beau nourrisson Perrette, toute fière,
S'en allait à Paris le rendre à ses parens.
    Perrette avait, sur sa bourrique,
  Dans deux paniers, mis Colas et Fanfan.
De la riche Cloé, celui-ci fils unique,
Allait changer d'état, de ton, d'habillement,
    Et peut-être de caractère :
    Colas, lui, n'était que Colas,
  Fils de Perrette et de son mari Pierre :
Il aimait tant Fanfan qu'il ne le quittait pas.
    Fanfan le chérissait de même.
Ils arrivent : Cloé prend son fils dans ses bras.
    Son étonnement est extrême,
Tant il lui paraît fort, bien nourri, gros et gras.
Perrette de ses soins est largement payée :
    Voilà Perrette renvoyée,
  Voilà Colas que Fanfan voit partir.
    Trio de pleurs : Fanfan se desespère :
    Il aimait Colas comme un frère ;
Sans Perrette et sans lui que va-t-il devenir ?
Il fallut se quitter. Ont dit à la nourrice :

Quand de votre hâmeau vous viendrez à Paris,
    N'oubliez pas d'amener votre Fils ;
Entendez-vous, Perrette ? on lui rendra service.
Perrette, le cœur gros, mais plein d'un doux espoir,
    De son Colas croit la fortune faite.
De Fanfan cependant Cloé fait la toilette.
Le voilà décrassé, beau, blanc, il fallait voir !
    Habit moiré, toquet d'or, riche aigrette.
On dit que le fripon se voyant au miroir,
    Oublia Colas et Perrette.
Je voudrais à Fanfan porter cette galette,
Dit la nourrice un jour ; Pierre qu'en penses-tu ?
Voilà tantôt six mois que nous ne l'avons vu.
    Pierre y consent ; Colas est du voyage.
    Fanfan trouva (l'orgueil est de tout âge)
    Pour son ami, Colas trop mal vêtu :
    Sans la galette, il l'aurait méconnu.
Perrette accompagna ce gâteau d'un fromage,
De fruits et de raisins. . . . .
    Les présens furent bien reçus ;
Ce fut tout ; et tandis qu'elle n'est occupée
    Qu'à faire éclater son amour,
    Le marmot lui bat du tambour,
Traîne son chariot, fait danser sa poupée.
Quand il a bien joué, Colas, dit : c'est mon tour ;
    Mais Fanfan n'était plus son frère ;
    Fanfan le trouva téméraire ;
Fanfan le repoussa d'un air fier et mutin.
    Perrette alors prend Colas par la main :
    Viens, lui dit-elle avec tristesse ;
    Voilà Fanfan, devenu grand Seigneur,
    Viens, mon fils, tu n'as plus son cœur :
L'amitié disparaît où l'égalité cesse.

                      AUBERT.

Cloé et Fanfan.

J'ai peint Fanfan ingrat envers Perrette,
Je l'ai peint dédaignant Colas pour son ami,
Et logeant la fierté déjà sous sa bavette.
    Fanfan grandit; et malgré les avis
    De Cloé, mère tendre et sage,
    Son orgueil s'accrut avec l'âge :
Le fripon insultait tous les gens du logis.
    Que fit Cloé pour corriger son fils.
. . . .
. . . .

Mon fils, dit-elle un jour, apprenez le malheur
    Où le juste destin vous plonge :
Vous n'êtes point à moi : Perrette et son mari
Ont trompé tous deux ma tendresse;
    Ce secret vient d'être éclairci :

. . . .
Colas est mon enfant, et vous allez partir.
. . . .
Fanfan, troublé, muet, l'œil fixé sur sa mère,
A ce nom de Colas, laisse couler des pleurs.
  Cloé tournant les yeux ailleurs,
Pour pousser jusqu'au bout l'affaire,
Tient ferme, le dépouille, et lui met les habits
  Qu'il devait porter au village.
Mille sanglots alors échappent à son fils ;
  Les pleurs inondent son visage.
Il parle enfin : maman, que vais-je devenir!
Mal vêtu, mal nourri. . . . .
. . . . . ---- Oui, Colas, mais qu'y faire ?
Le ciel de votre orgueil a voulu vous punir.
Colas, vous méprisiez mon fils et votre mère
Vous traitiez durement tous ceux que la misère,
  Pour subsister, oblige de servir :
  Vous allez apprendre à les plaindre.
  Vous voyez qu'au sein du bonheur,
  Les retours du sort sont à craindre.
De vos cruels dédains reconnaissez l'erreur :
  Si mon fils allait vous les rendre ?
S'il allait à son tour.... Fanfan n'y tenant plus,
Tombe aux pieds de Cloé, désespéré, confus,
  La conjure de le reprendre.
Je servirai, lui dit-il, votre fils ;
  Je le respecterai, je lui serai soumis.
C'en fut assez pour cette sage mère,
  Qui se sentait trop attendrie ;
Elle embrassa son fils, quitta cet air sévère,
L'appela par son nom, loua son repentir ;
  Et désormais eut lieu de s'applaudir
  De cette leçon salutaire.

AUBERT.

L'Enfant et le Miroir.

Un enfant élevé dans un pauvre village
Revint chez ses parens, et fut surpris d'y voir
    Un miroir.
  D'abord il aima son image ;
Et puis, par un travers bien digne d'un enfant,
  Et même d'un être plus grand,
  Il veut outrager ce qu'il aime,
Lui fait une grimace, et le miroir la rend.
  Alors son dépit est extrême,
  Il lui montre un poing menaçant,
  Et se voit menacé de même.
Notre marmot faché s'en vient en frémissant
  Battre cette image insolente :
Il se fait mal aux mains ; sa colère en augmente;
  Et, furieux, au désespoir,
  Le voilà devant ce miroir
  Criant, pleurant, frappant la glace.
Sa mère qui survient, le console, l'embrasse,
  Tarit ses pleurs, et doucement lui dit :
N'as-tu pas commencé par faire la grimace
A ce méchant enfant qui cause ton dépit ?
--Oui.--Regarde à présent : tu souris ; il sourit ;
Tu tends vers lui les bras, il te les tend de même.
Tu n'es plus en colère, il ne se fache plus.
De la société tu vois ici l'emblême :
Le bien, le mal nous sont rendus.

FLORIAN.

Les deux Enfans.

Un jour Perrinet et Colin,
Deux enfans du même âge, entrés dans un jardin,
S'égayaient à la promenade,
Et sous des maronniers faisaient mainte gambade
Ils trouvèrent sur le gazon
Un fruit plein de piquans, fait comme un hérisson.
Colin le ramassa. Son petit camarade
Le crut un sot : Tu tiens, dit-il, un mets
Des plus friands pour les baudets ;
C'est un chardon, et ton goût est étrange.
Pour moi, je vois des pommes d'or ;
Voilà mon fait, et la main me démange.
Perrinet à l'instant se saisit d'une orange,
Et croit posséder un trésor :
La couleur du métal que l'univers adore
Séduit jusqu'aux enfans. Celui-ci, bien joyeux,
Admire un si beau fruit, et s'imagine encore
Qu'il est d'un goût délicieux.
Il y fut attrapé, notre petit compère,
Car cette orange était amère.
Aussitôt qu'il en eut goûté,
Il la jeta bien loin. Colin, de son côté,
S'était piqué les doigts ; mais sa persévérance,
Surmontant la difficulté,
Trouve un marron pour récompense.
Ce marron hérissé figure la science
Qui sous des dehors épineux
Cache d'excellens fruits ; tandis que l'ignorance,
Sous une riante apparence,
Produit des fruits amers, et souvent dangereux.

RICHARD.

VERS PRÉSENTÉS

PAR UN JEUNE ENFANT
A SA MÈRE.

Qu'en ce beau jour j'ai du plaisir,
Chère maman, à t'offrir cette rose !
Elle est fraîche et jolie : à peine est-elle éclose
Du premier souffle du zéphir.
Dans mes bras enfantins permets que je t'enlace
En t'offrant ce léger présent,
Et que de ma main je la place
Sur ton corset, en t'embrassant.
Des maux que tu souffrais, que j'étais affligée !
Mais, grâce à nos soupirs, la fortune est changée.
Ah ! si mes pleurs avaient pu te guérir !
Tu connais bien l'excès de ma tendresse
Rien n'aurait pu les calmer, les târir ;
Mes larmes sur ta couche auraient coulé sans cesse ;
J'aurais préféré d'y mourir.
Mais que mon ame est donc contente !
Je ne crains plus rien pour tes jours ;
Ta santé n'est plus chancelante,
En cet heureux état conserve-la toujours.
Vis, pour nous aimer tous, dans ce charmant asyle.
O Maman ! tu connais mes sentimens, mon cœur :
Jamais il ne fut plus tranquille.
Te plaire et t'obéir fera tout mon bonheur.

PENSÉES

Propres à servir d'exemples d'écriture.

Adore un Dieu, sois juste et chéris ta Patrie.

Un élève sans mœurs est un arbre sans fruit.

Patience et succès marchent toujours ensemble.

Un savant doute, cherche, un ignorant sait tout.

Soyez humble et modeste au milieu des succès.

Ne faites rejaillir vos peines sur personne.

Pour les infortunés espérer c'est jouir.

Reprenez sans aigreur, louez sans flatterie.

A force de forger on devient forgeron.

Faisons ce qu'on doit faire et non pas ce qu'on fait.

On vous juge d'abord par ceux que vous voyez.

Dans un vase infecté le meilleur vin s'aigrit.

Avant que d'entreprendre il faut considérer.

Qui commence le mieux ne fait rien s'il n'achève.

Le sage est ménager du temps et des paroles.

Chaque chose a son temps, il faut savoir le prendre.

L'enfant à qui tout cède est le plus malheureux.

Aimez qu'on vous conseille et non pas qu'on vous loue.

Obéis, si tu veux qu'on t'obéisse un jour.

Ce n'est pas obéir qu'obéir lentement.

On se trouve toujours un plus sot qui l'admire.

De services, d'égards, la vie est un échange.

On a souvent besoin d'un plus petit que soi.

Parlez peu, pensez bien, et gardez vos secrets.

Croire qu'on ne sait rien c'est apprendre beaucoup.

Le bienfait qu'on reproche est un bienfait perdu.

On n'est pas écouté quand on parle en grondant.

C'est n'être bon à rien, de n'être bon qu'à soi.

Ne fais pas à autrui ce que tu crains pour toi.

C'est mourir satisfait que de mourir aimé.

Les gens qui n'aiment qu'eux ne sont pas ceux qu'on aime.

N'allez point divulguer ce que l'on vous a confié.

Celui qui perd l'honneur n'a plus rien à garder.

LES MAXIMES

de l'honnête homme ou de la sagesse.

Craignez un Dieu vengeur, et tout ce qui le blesse,
C'est là le premier pas qui mène à la sagesse.
Ne plaisantez jamais ni de Dieu, ni des Saints,
Laissez ce vil plaisir aux jeunes libertins.
Que votre piété soit sincère et solide,
Et qu'à tous vos discours la vérité préside.
Tenez votre parole inviolablement,
Mais ne la donnez pas inconsidérément.
Soyez officieux, complaisant, doux, affable,
Poli, d'humeur égale et vous serez aimable.
Du pauvre qui vous doit n'augmentez point les maux ;
Payez à l'ouvrier le prix de ses traveaux.
Bon père, bon époux, bon maître sans faiblesse
Honorez vos parens sur-tout dans la vieillesse.
Du bien qu'on vous a fait soyez reconnaissant,
Montrez-vous généreux, humain, et bienfaisant.
Donnez, de bonne grace : une bonne manière
Ajoute un nouveau prix au présent qu'on veut faire.
Rappelez rarement un service rendu ;
Le bienfait qu'on reproche est un bienfait perdu.
Ne publiez jamais les grâces que vous faites,
Il faut les mettre au rang des affaires secrètes.
Prêtez avec plaisir, mais avec jugement ;
S'il faut récompenser, faites-le noblement.

*Au bonheur du prochain ne portez pas envie ;
N'allez point divulguer ce que l'on vous confie.*

*Sans être familier, ayez un air aisé.
Ne décidez de rien qu'après l'avoir pesé.*

*A la religion soyez toujours fidèle ;
On ne sera jamais honnête homme sans elle.*

*Aimez le doux plaisir de faire des heureux,
Et soulagez surtout le pauvre vertueux.*

*Soyez homme d'honneur et ne trompez personne.
A tous ses ennemis un cœur noble pardonne.*

*Aimez à vous venger par beaucoup de bienfaits ;
Parlez peu, pensez bien et gardez vos secrets.*

*Ne vous informez point des affaires des autres :
Sans air mystérieux dissimulez les vôtres.*

*N'ayez point de fierté, ne vous louez jamais ;
Soyez humble, modeste, au milieu des succès*

*Surmontez les chagrins où l'esprit s'abandonne ;
Ne faites rejaillir vos peines sur personne.*

*Supportez les humeurs et les défauts d'autrui ;
Soyez des malheureux le plus solide appui.*

*Reprenez sans aigreur, louez sans flatterie ;
Ne méprisez personne, entendez raillerie.*

*Fuyez les libertins, les fats et les pédans.
Choisissez vos amis, voyez d'honnêtes gens.*

*Jamais ne parlez mal des personnes absentes;
Badinez prudemment les personne présentes.*

*Consultez volontiers, évitez les procès :
Où la discorde règne, apportez-y la paix.*

*Avec les inconnus usez de défiance ;
Même avec vos amis ayez de la prudence.*

Point de folles amour, ni du vin, ni des jeux ;
Ce sont là trois écueils en naufrages fameux.
Sobre pour le travail, le sommeil et la table,
Vous aurez l'esprit libre et la santé durable.
Jouez pour le plaisir, et perdez noblement :
Sans prodigalité dépensez votre argent.
Ne perdez point le temps à des choses frivoles.
Le sage est ménager du temps et des paroles.
Sachez à vos devoirs immoler vos plaisirs :
Et pour vous rendre heureux modérez vos désirs.
Ne demandez à Dieu ni grandeur ni richesses ;
Mais pour vous gouverner demandez la sagesse.

BOUQUET
D'UN ENFANT A SA MERE.

Ce n'est point en offrant des fleurs
Que je veux peindre ma tendresse ;
De leur parfum, de leurs couleurs
En peu d'instans le charme cesse.
La rose naît en un moment !
En un moment elle est flétrie ;
Mais ce que pour vous mon cœur sent
Ne finira qu'avec ma vie.

J. ROUSSEAU.

FIN.

www.ingramcontent.com/pod-product-compliance
Lightning Source LLC
LaVergne TN
LVHW050625090426
835512LV00007B/674